L_n^{27}. 19376.

NOTICE

SUR LES

CAMPAGNES & OPÉRATIONS MILITAIRES FAITES EN CHINE

PAR

M. TARDIF DE MOIDREY

CAPITAINE D'ARTILLERIE DANS L'ARMÉE FRANÇAISE

OFFICIER DE LA LÉGION D'HONNEUR

GÉNÉRAL EN CHEF DES ARMÉES CHINOISES

ET COMMANDANT LE CORPS DES FRANCO-CHINOIS

D'APRÈS DES DOCUMENTS OFFICIELS

PAR

M. LEGÉNISSEL

Commandant du Génie, Directeur général des établissements militaires de la Chine

METZ

TYPOGRAPHIE DE ROUSSEAU-PALLEZ, ÉDITEUR

RUE DES CLERCS, 14

——

1864

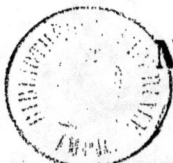

NOTICE

SUR

M. TARDIF DE MOIDREY

NOTICE

SUR LES

CAMPAGNES & OPÉRATIONS MILITAIRES FAITES EN CHINE

PAR

M. TARDIF DE MOIDREY

CAPITAINE D'ARTILLERIE DANS L'ARMÉE FRANÇAISE

OFFICIER DE LA LÉGION D'HONNEUR

GÉNÉRAL EN CHEF DES ARMÉES CHINOISES

ET COMMANDANT LE CORPS DES FRANCO-CHINOIS

D'APRÈS DES DOCUMENTS OFFICIELS

PAR

M. LEGÉNISSEL

Commandant du Génie, Directeur général des établissements militaires de la Chine

METZ

TYPOGRAPHIE DE ROUSSEAU-PALLEZ, ÉDITEUR

RUE DES CLERCS, 14

1864

PRÉFACE

Ce n'est point sans de mûres réflexions que je me suis décidé à offrir au public cette courte notice sur un des plus remarquables enfants de notre pays, le général Tardif de Moidrey.

Appelé par cet officier à coopérer à l'œuvre qu'il avait fondée, je n'hésitai pas à voler en Chine pour prendre du service sous ses ordres. Je ne trouvai qu'une tombe au lieu de mon chef et mon ami; mais je pus apprécier l'importance de son œuvre, son utilité au point de vue de l'influence de la mère-patrie, et de la grandeur des difficultés vaincues.

Le général Tardif de Moidrey fait honneur à l'armée

et au pays; il est, je n'hésite pas à le dire, une des gloires de l'arme de l'Artillerie dans laquelle il a servi.

Ce serait un tort grave envers sa mémoire et envers son pays que de laisser passer sous silence des faits d'armes encore complètement ignorés de cette France servie avec tant d'ardeur et de dévouement.

Arrivé récemment de Chine pour remplir en France une courte mission, je me suis trouvé en position de me rendre compte par moi-même des faits que je rapporte; j'ai recueilli sur place tous les documents nécessaires à cette notice; j'ai apprécié surtout à quel point le nom de Fou-Tsian Tardif de Moidrey est resté grand et honoré dans les deux immenses provinces du Tché-Kiang et du Kiang-Sou.

Je publie donc cette courte notice sur les campagnes et les hauts faits d'armes de mon chef et mon ami, avec la certitude d'être agréable à mes compatriotes et particulièrement aux armées de terre et de mer où le général Tardif de Moidrey comptait de nombreux amis.

CH. LeGénissel.

INTRODUCTION

―――

Le Général TARDIF DE MOIDREY

Gouverneur de la province de Kiang-Sou.

―――

Le général Tardif de Moidrey, dont nous publions le portrait, était né en 1824, à Metz, et se destina dès l'enfance à l'arme de l'Artillerie, dans laquelle avait servi son père et son grand-père en qualité de chef d'escadron. Élève de l'École Polytechnique, de l'École d'Application de Metz, puis de celle de Saumur, il prit part à l'expédition de Crimée et y fut nommé capitaine d'abord, puis chevalier de la Légion d'honneur, pour sa brillante conduite à la bataille de Traktir. Il faisait partie de l'armée d'occupation de Rome quand il obtint de faire partie de l'expédition de Chine. Il assista à la bataille de Pelikaho et à la prise de Pékin. A la rentrée du corps expéditionnaire en France, il obtint de l'amiral Protet de rester à la disposition de la Marine, afin de pouvoir continuer l'œuvre dans laquelle il a rencontré une mort glorieuse. Quelque temps avant sa mort (28 janvier 1863), Sa Majesté l'Empereur des Français lui avait accordé la décoration d'officier de la Légion d'honneur, à titre de « services exceptionnels en Chine. » Les journaux ont récemment annoncé cette fin prématurée au moment où, champion d'une cause éminemment utile, le général Tardif défendait contre les entreprises des rebelles les concessions européennes et le gouvernement impérial chinois, notre allié.

Aussitôt après la prise de Pékin et la conclusion de la paix qui en fut la conséquence, M. le général de Montauban comprit de quelle importance il était pour notre influence d'obliger par d'utiles services ceux-là même à qui nous avions fait sentir la force de nos bras; il comprit aussi combien il était nécessaire de mettre le gouvernement impérial chinois, désormais notre ami, en mesure de résister aux hordes de Taï-Pings, qui menaient tout l'établissement sérieux de cette contrée.

Il accorda aux autorités impériales des instructeurs français, destinés à jeter les fondements d'une armée chinoise organisée à l'européenne. Au capitaine Tardif de Moidrey échut dans cette œuvre l'un des rôles les plus importants. En effet, ses connaissances dans la langue chinoise lui firent confier l'organisation d'une école d'officiers indigènes ou mandarins militaires, qui devaient plus tard l'aider à créer un corps que, de 400 hommes d'abord, il porta ensuite à 2,000 hommes, et qui devait former le noyau de son armée. Des troupes ainsi constituées étaient appelées à rendre de bien plus grands services qu'une légion étrangère composée presqu'entièrement d'Européens. Les Chinois, en effet, ont une opinion peut-être exagérée de leur degré de civilisation. Trop imparfaite sous bien des rapports, cette civilisation est trop avancée sur d'autres points pour qu'ils laissent volontiers établir chez eux des troupes étrangères.

Une armée chinoise commandée par des officiers indigènes, mais formée à la française, était donc appelée à rendre d'immenses services à notre influence en Chine.

Avec cette troupe, forte alors seulement de 400 hommes, le capitaine Tardif de Moidrey eut à défendre contre les rebelles, au mois d'août 1862, la ville de

Yu-Yao, dans le Thé-Kiang. On n'a pas oublié comment il fut assez heureux pour dégager le commandant de Marolles, attaqué par près de 3,000 Cantonnais, et comment il eut ensuite à essuyer un retour offensif de ces derniers qui, battus par lui, s'étaient joints aux Taï-Pings; repoussés dans un combat de deux heures, où ils perdirent trois cents hommes des leurs, les rebelles allèrent attaquer la ville de Tsen-Ki, située entre Yu-Yao et Ning-Po, où se fortifiait Tardif; ils s'en emparèrent, et c'est en leur reprenant avec une poignée d'Anglo-Chinois que le général Ward trouva une mort glorieuse.

Des coups de mains aussi vigoureux firent comprendre au gouvernement chinois quel parti il pouvait tirer de pareils hommes; aussi, au commencement de décembre 1862, Monsieur Lebreton, lieutenant de vaisseau, fut nommé général en chef ou Fou-Tsian, dans la province du Tché-Kiang; au capitaine Tardif de Moidrey échut, avec le même grade, la province de Kiang-Sou. C'étaient là d'immenses territoires de plus de 7,000 lieues carrées, occupées en parties par les rebelles qu'il en fallait déloger.

Les deux nouveaux généraux étaient ainsi élevés au premier degré de la hiérarchie; ils portaient le bouton rouge et prenaient rang après le vice-roi; ni l'un ni l'autre, malheureusement, ne devait jouir longtemps de sa nouvelle position.

Ce n'était pas assez de repousser les entreprises des rebelles contre nos établissements; on résolut de les refouler dans l'intérieur des terres, et la prise de Shao-Shing-Fou fut résolue. Cette ville était la clé de la domination rebelle dans le Tché-Kiang et sa prise facilitait également celle de Hand-Tchéou-Fou, ville très-importante pour le commerce européen dans ce pays.

Le siége de cette ville fut commencé au mois de janvier par le général Lebreton; mais obligé par la pénurie de matériel à employer un de ces mauvais canons dont se servent les Chinois, celui-ci éclata et le tua sur le coup. L'armée démoralisée leva le siége et se replia en arrière. On dut alors faire venir en toute hâte, de Shang-Haï, le général Tardif de Moidrey, commandant la province voisine. Hélas! un nouveau malheur était proche. Comme les généraux ses amis, lui aussi devait trouver la mort en accomplissant son œuvre; la prise de Ning-Pô nous avait coûté le regrettable amiral Prottet et M. de Kenny, lieutenant de vaisseau; Ward avait péri en enlevant Tsen-Ki; Lebreton et Tardif devaient trouver la mort sous les murs de Shao-Shing.

Le corps du général Tardif fut ramené à Ning-Pô. « La perte de M. Tardif de Moidrey, dit le rapport officiel, est un grand malheur pour l'armée. C'était un vaillant officier, qui joignait à un caractère élevé les plus belles qualités qu'on peut désirer trouver dans un chef. »

MM. d'Aiguebelle et Bonnefoy commandent maintenant les deux provinces de Kiang-Sou et de Tché-Kiang. Quelle énergie ne doivent point posséder des hommes, qui, sans munitions, sans matériel, avec une poignée de soldats indigènes à peine armés, réussissent à protéger nos concessions contre la plus nombreuse et la plus puissante des insurrections, et qui trouvent successivement la mort dans une guerre où le sort des prisonniers de guerre serait encore le pire destin! Ne sont-ils pas bien dignes de l'intérêt de la mère-patrie? et pendant qu'ils versent à l'envie leur sang pour nous ouvrir ces riches contrées, ne devons-nous point estimer l'importance de leur œuvre à la grandeur des sacrifices qu'elle coûte?

Nous avons tenu à honneur de payer notre dette à ces martyrs de la civilisation qui ont succombé dans l'extrême Orient, à un moment où les événements sont si pressés et si impérieux qu'on pouvait facilement oublier de leur rendre les derniers devoirs.

EXTRAIT SOMMAIRE

DES

États de service de M. TARDIF de MOIDREY, général en chef du Tché-Kiang

TIRÉS DE L'ANNUAIRE DE L'ARTILLERIE

Né en 1824.	7	octobre	
École Polytechnique	1er	id.	1845
Sous-Lieutenant à l'École d'appli-			
cation.	1er	id.	1847
Lieutenant d'artillerie, 8e régiment.	1er	id.	1849
Saumur.	1er	id.	1851
Capitaine en 2e.	26	mai	1855
id. en 1er.	14	août	1860
Chevalier de la Légion d'honneur			
(à la bataille de Tracktir). . .	22	avril	1855
Officier de la Légion d'honneur (pour			
services exceptionnels en Chine).	28	janvier	1863
8 Campagnes.			

Campagne de Chine. — École de mandarins. — Yu-Yao vers le 15 août 1863, 400 hommes sans munitions. — Délivré M. de Marolles contre les Cantonnais qui prennent Tsen-Ki où Ward a été tué. — Fortifié Yu-Yao.

14 décembre, Shang-Haï (4 mois presque toujours à Yu-Yao) du 15 août au 15 décembre, attend son brevet de général.

15 décembre, l'a reçu à Pékin pour le Kiang-Soü.

24 janvier, à Ning-Pô.

19 février, tué à Shao-Shing (énergie de ses hommes sans munitions).

Nous recevons de Ning-Pô, le 3 mars 1863, les détails suivants sur les événements malheureux qui ont marqué en Chine les deux siéges de la ville de Shao-Shing ; nous espérons qu'on les lira avec intérêt, car ils ont coûté la vie à deux de nos plus dignes compatriotes, Lebreton et Tardif de Moidrey. Shao-Shing est la clef de la domination des rebelles dans la province du Tché-Kiang, dont la capitale est Ning-Pô :

« On sait qu'à la fin du mois de janvier dernier le commandant en chef de l'armée du Tché-Kiang, vacant par la mort du général Lebreton, fut conféré à M. Tardif de Moidrey, capitaine d'artillerie, déjà général en chef de l'armée de Kiang-Sou.

» Ce n'était pas un poste sans danger, car il allait avoir à faire un siége d'une ville de 15 kilomètres au moins de circuit, la clef de la domination rebelle dans cette province. M. Tardif de Moidrey, qui naguère avait servi dans le Tché-Kiang, et y avait fondé et dirigé une école

de mandarins militaires (officiers), était appelé par ce
nouveau poste par le capitaine de vaisseau Faucon,
commandant les forces navales françaises. Celui-ci
lui portait un vif intérêt, et plus tard, lorsqu'il partit
pour sa dernière expédition, il lui prêta deux canons de
débarquement et quelques munitions, car l'armée
franco-chinoise en était dépourvue.

» Le général arriva à Ning-Pô le 24 janvier, et le
même jour il remonta la rivière pour aller prendre le
commandement de son armée. Après la première
attaque de Shao-Shing, rendue infructueuse par la
mort du général Lebreton, l'armée avait fait un mou-
vement en arrière. Le premier soin du nouveau général
fut de la reporter en avant et de l'établir solidement, à
3 ou 4 lieues de Shao-Shing, dans une petite ville
murée nommée San-Kin.

» C'est là qu'il organisa son attaque avec des
soins qui prouvent assez combien il prévoyait l'importance de l'action. Chaque jour arrivaient, de sa part,
à Ning-Pô, de nouvelles demandes de munitions et
de matériel d'artillerie. Les troupes se composaient
de 2000 soldats franco-chinois formés par lui, de 500
wards ou anglo-chinois, et de trois ou quatre corps
irréguliers de 12 à 1,500 hommes chacun, purement
chinois et mal armés. Tout cela était réuni sous ses
ordres.

» On manquait totalement de matériel de siége, quand
on reçut enfin un gros canon et deux mortiers anglais,
amenés par le commandant Dew, chef de station

anglaise à Ning-Pô, lequel voulait assister lui-même à l'affaire.

» Monseigneur de la Place, missionnaire apostolique du Tché-Kiang, suivait aussi l'armée depuis le commencement de la campagne, prêt à exercer, au milieu du danger, son pieux ministère.

» Après avoir poussé une reconnaissance générale bien au-delà de Shao-Shing, pour s'assurer qu'il y avait aux environs un camp rebelle important, on se décida à l'attaque de la ville.

» Le 18 février au soir, les canons furent mis en batterie et les postes distribués; le 19 au matin, le gros canon commença à faire brèche. Au bout de quelques coups, sûr désormais du succès, le général fit former la colonne d'assaut et la tenait prête à agir, lorsqu'à onze heures du matin il se sentit frappé à la tête par une balle venue par derrière.

» Il fallut l'emporter malgré sa vive résistance; douze heures après il succomba.

» Sans doute un soldat chinois, fidèle au malheureux usage de sa nation, et ne prenant pas le temps de viser, avait fait feu sans épauler, et tuant par mégarde son général, avait compromis le succès de la journée.

» L'armée a été profondément affectée de la mort tragique de son chef, qu'elle aimait profondément. La plupart des officiers chinois était ses élèves; ils l'aimaient pour la générosité de son caractère, qui faisait qu'on le servait sans arrière-pensée. Déjà ils avaient combattu avec lui à Yu-Yao. L'attaque manqua, car malgré le courage de leurs officiers, les troupes, qui n'avaient pas devant elles assez d'Européens pour les entraîner, refusèrent de marcher à mi-chemin de la brèche.

» Le corps du général Tardif de Moidrey a été ramené à Ning-Pô, avec un long convoi de blessés, plus heureux que le général Lebreton, son ami, dont le corps, perdu deux fois, n'est arrivé à Ning-Pô que le 3 mars.

» L'armée a réuni dans une même cérémonie le témoignage de ses regrets pour ces deux vaillants officiers, et ils reposent ensemble dans le monument élevé au cimetière catholique pour M. de Kenny, lieutenant de vaisseau, tué en mai 1862, à l'attaque de Ning-Pô, aux côtés du regrettable amiral Protet.

» L'activité d'esprit du général Tardif de Moidrey était si bien appréciée ici, qu'on ne doutait pas qu'il ne se rendît maître de cette ville, dont la prise allait enfin lui donner un renom égal à son mérite.

» Le siége est continué par le lieutenant de vaisseau d'Aiguebelle, que le commandant Faucon a donné pour successeur à M. Tardif.

» En présence de ces faits, la France doit mesurer l'importance du but que nos marins et nos soldats poursuivent en Chine, par la grandeur des sacrifices qu'ils coûtent. »

Après avoir raconté les événements qui précèdent, nous croyons devoir citer le fragment suivant du commandant par intérim de la division navale française des mers de Chine :

5

« La perte de M. Tardif de Moidrey est un grand malheur pour l'armée; c'était un vaillant officier, qui joignait à un caractère élevé les plus belles qualités qu'on peut désirer trouver dans un chef.

» Nous ne saurions trop regretter cet homme remarquable, dont la perte est si vivement sentie par tout le monde, aussi bien par les Chinois que par les Europeens. »

Il est impossible de faire un éloge plus noble et plus mérité.

FAITS D'ARMES

Opérations militaires du Général

TARDIF DE MOIDREY

La tâche que j'ai entreprise ici n'est pas facile, mais au moins elle est juste, c'est de faire connaître le caractère et l'énergie d'un officier français qui non-seulement fait honneur au corps d'artillerie, mais dont la France doit être fière.

Je ne parlerai pas de sa présence dans l'armée d'expédition en Chine ni de sa coopération dans tous les hauts faits d'armes qui ont eu lieu. Là ce sont des masses qui agissaient, ici c'est lui seul qui combattait. Je serai aussi bref que possible pour narrer les hauts faits d'armes du général Tardif de Moidrey. Je laisse donc partir l'expédition. Le général, avec ses idées vastes et larges, avait compris qu'il avait une mission à remplir, c'était celle de défendre le gouvernement impérial contre les rebelles; le courage ne lui manquait pas; la science militaire ne lui faisait pas défaut pour arriver à son but. Malgré les instances de ses chefs il résolut de rester en Chine; l'expédition militaire rentra en France en le laissant détaché près du gouvernement chinois. Tardif de Moidrey avait lu dans l'avenir : il avait deviné que l'on manquait d'éléments dans le Céleste Empire pour avoir gain de cause; il fut nommé par le Fontaï de Shang-Haï commandant le corps d'armée franco-chinois de Tché-Kiang, foyer des rebelles. Ici, sans parler de son dévouement pour un officier de marine qui se trouvait mal engagé, Tardif n'hésita pas un instant à voler à son secours et à le dégager complètement au détriment de sa vie.

Je ne suis pas appelé ici à faire l'histoire de M. le général Tardif de Moidrey, mais ma mission et mon devoir exigent que je cite hautement quelques faits inconnus en France qui sont les actes d'un caractère chevaleresque. Sans m'étendre sur les six villes que le général Tardif de Moidrey a su remporter, je vais citer un fait qu'il est rare de rencontrer dans l'histoire d'un militaire. A l'attaque de Shao-Sin-Fou, le général Tardif n'hésita pas, avec huit hommes, de faire une reconnaissance militaire pour étudier l'endroit où il devait attaquer la place. Il fut surpris par quatre cents rebelles; là le sang-froid ne lui fit pas défaut : il s'avança hardiment seul au milieu de la colonne, laissant en arrière ses huit hommes. Il prit un siége et demanda du thé au chef des rebelles. Ce dernier, le voyant si sûr de lui-même, lui demanda quel était le but de sa visite. Le général Tardif de Moidrey lui répondit: *Je ne veux pas te tuer;* tu vois mes huit hommes qui sont là, je viens franchement te dire de partir, car mes deux mille hommes qui sont là derrière le rideau pourraient te faire un vilain parti.

A ces mots le chef des rebelles donna l'ordre à sa troupe de se retirer. Une panique épouvantable s'empara de ces malheureux qui dégagèrent les portes et les abords de la ville de Shao-Sin-Fou.

Le chef des rebelles étant parti, le général Tardif, assis seul sur son banc, le fit rappeler et lui dit: Je t'engage beaucoup, dans ton intérêt, à ne plus revenir dans ces régions. Il entra à l'instant même dans la ville de Shao-Sin-Fou avec ses huit hommes; l'ordre fut donné à la colonne de réserve de venir prendre possession de la ville militairement: deux heures après la ville de Shao-Sin-Fou était occupée par les troupes franco-chinoises. Ajoutons qu'il y avait huit chinois et un français dans une ville de 150,000 âmes pour fermer les portes aux rebelles, en attendant le secours demandé!

Le lecteur peut-être devinera le courage et l'énergie du général Tardif qui, en cassant une croûte de pain, donnait l'assaut à la ville de Yu-Yao; la brèche bien établie, toujours au premier rang, il entra tranquillement au milieu de la fusillade des rebelles qui faisaient bonne contenance; mais rien ne pouvait résister devant ce génie militaire, ni devant une tactique aussi savante.

La ville fut évacuée par les rebelles, qui étaient cependant deux fois plus nombreux que le corps des franco-chinois que commandait le général.

Il est superflu d'ajouter ici que l'élan joint au génie militaire français ne faisaient pas défaut au général Tardif. Cependant la hardiesse avec laquelle il a osé attaquer cette ville et avoir su s'en rendre maître, mérite l'attention des personnes compétentes.

UN MOT SUR LA BATAILLE DE TRAKTIR

Si la modestie du général Tardif de Moidrey a été si
loin, il est du devoir d'un de ses amis de parler d'un
fait d'armes qui est généralement ignoré. A la bataille
de Traktir, le capitaine Tardif de Moidrey, commandant
un détachement, était chargé de porter des gabions dans
un lieu désigné; au bruit du canon il donna l'ordre à
son lieutenant de prendre le commandement du détachement et piqua des deux pour voler vers le général
qui commandait l'artillerie; là il se mit à sa disposition.
Avec son énergie et son coup-d'œil de lynx, il concourut
beaucoup au succès de cette victoire. — Le capitaine
Tardif, en prenant congé de son général après la bataille,
fut décoré et mis aux arrêts en même temps. Il avait
quitté son détachement et avait concouru puissamment
au succès de la bataille de Traktir. — D'un côté le courage récompensé, de l'autre le règlement appliqué.

Un autre fait de ce brave et vaillant officier vient
confirmer non-seulement son intelligence et son génie
militaire. Pendant la guerre de Crimée, un général
anglais osa se mesurer avec l'artillerie française et pro-
voqua, pour ne pas dire un duel, un essai. L'officier supérieur d'artillerie française accepta le défi et très gen-
timent lui proposa la batterie que commandait le
capitaine Tardif de Moidrey. Il est superflu de m'étendre

sur les grands avantages qu'obtint l'artillerie française sur l'artillerie anglaise. Le capitaine Tardif de Moidrey, appelé à cette mission, avait écrasé et dépassé d'un chiffre notable l'artillerie anglaise; ici mon silence sera très éloquent, je serai plus généreux que nos voisins, car je n'aime pas à humilier.

Tout en régnant avec leur jactance à l'étranger ils ont trouvé leurs maîtres; ils pourraient prendre des leçons à notre École militaire.

ORGANISATION

Après s'être rendu maître de plusieurs villes dans la Chine méridionale, et avoir été nommé gouverneur de deux grandes provinces (le titre de Fou-Tsian lui fut donné par l'Empereur de la Chine, qui veut dire général en chef commandant les forces chinoises ainsi que le corps franco-chinois), le général Tardif, avec ses idées vastes et larges, comprit qu'il devait organiser l'armée qui était sous ses ordres, avec un matériel qui lui permît d'agir avec sécurité contre un ennemi qui pouvait renaître de ses cendres.

En conséquence, il fit une demande au gouvernement français, afin d'obtenir des armes, des canons, et un personnel capable d'organiser des arsenaux en Chine.

Au mois de mars 1862, Sa Majesté l'Empereur Napoléon III daigna prendre en considération la demande qui lui fut présentée par son frère M. Paul Tardif de Moidrey, capitaine d'artillerie.

Le 16 avril suivant, le matériel et la mission étaient en route. Les ordres de Sa Majesté étaient exécutés; mais, hélas! celui qui nous avait appelé à coopérer à son œuvre était tombé glorieusement frappé par une main maladroite ou ennemie devant la brèche de la ville de Shao-Sing.

Le 18 février 1863, le général faisait la recon-

4

naissance de cette ville (il avait quatre hommes dans
sa barque !) Les rebelles, du haut des remparts, lui
envoyèrent quelques coups de fusil dont une balle vint
frapper le gouvernail qui était dirigé par lui. Tout en
fumant son cigare, il dit : Ce n'est pas mal tirer pour
des Chinois ! Il continua néanmoins sa reconnaissance.
Le lendemain le point d'attaque était choisi, et la brèche,
à dix heures du matin, était ouverte.

Sous sa tente, placée à quelque distance des murs de
la ville, se trouvait Monseigneur Desplace et M. Vauchez,
négociant à Shang-Haï. Pendant que le canon faisait
crouler une partie de la muraille, le général piqua des
deux vers la tente, et dit : « Monseigneur, dans deux
heures nous serons dans la ville. » Malheureusement il
il ne devait pas en être ainsi. A la tête de sa troupe, il
donna l'assaut à onze heures, et, arrivé au pied de la
brèche, il reçut une balle dans la tête. Le coup était
mortel !... Il nous enlevait notre chef !...

Sans m'étendre davantage sur la conduite brillante
et la valeur militaire du général Tardif, j'aime à dire
que, quoique chef supérieur, il ne se ménageait nulle-
ment lorsqu'il s'agissait de reconnaître un poste ou une
place ; il voulait tout voir, tout savoir ; le danger le
plus imminent n'était pas capable de le détourner de son
entreprise ! Toujours le premier à l'attaque, et le dernier

quand il fallait battre en retraite!... Un gros volume serait nécessaire pour écrire l'histoire de sa vie, si féconde en traits de bravoure, de désintéressement et surtout de cette belle et noble loyauté qui le caractérisait.

Je prie le lecteur de me suivre en pensée jusqu'en Chine (province de Ning-Pô). Là, il trouvera deux tombes; il est vrai qu'elles sont à 4,500 lieues de notre patrie!... mais le sentiment ne connaît point de distance!...

Ces nobles défunts (MM. Lebreton et Tardif) reposent à l'ombre sacrée du signe de notre rédemption, douce et dernière consolation pour ceux auxquels ils étaient chers!...

Que le lecteur, en portant quelquefois ses pensées dans ces régions lointaines, veuille bien aussi accorder un souvenir à celui qui est chargé de poursuivre cette œuvre toute française.